キッチンからの贈り物
chacha

定番料理も盛り付け次第でおもてなし

はじめに

ブログを始めて2年半。
お弁当や夕食の画像を数え切れない位撮り続け、いつしかこれを
本にしたいなぁ〜と、夢が芽生えました。

そもそも、ブログを始めたのも友達からの勧めで、
何の思い入れもなかったブログ。

でも、見て下さる方から
「美味しそう」
「盛り付けが綺麗」
「彩り豊かな料理」と嬉しい言葉を頂き、更に夢は広がりました。

今では料理のブログなのか？お笑いのブログなのか？
自分でも分からなくなっていますが（笑）

私が料理に目覚めたのは意外と遅かったのです。

小さい頃は、料理上手な母も困るほどの偏食で少食な子供でした。
どんな工夫をして貰っても食べられなく、食には全く興味もなく…
今思うと勿体ない日々を過ごしました。

そんな私が変わったのは、ファミリアに就職してからの事。
職場の人間関係が良く、毎週のように皆で夕食に行ったり、
外食する機会が増えたのがきっかけで、
何でも食べられるようになりました。

ただ、どんなに美味しい物を食べても、母の味を越える物はない！
家庭の味が1番美味しいのです。

そんな思いから、自分が家庭を持ってからも
常に手作りの料理を心がけて、今まで来ました。

手作りの料理は、人の心を幸せにする1番のスパイス。
その思いはこれからも変わる事なく、
毎食を大事に作って行きたいと思っています。

「この2冊は料理に興味を持つ切っ掛けになった本です。
隅から隅まで読み尽くし、画像も目に焼き付いています。
どこに何が書いているかも覚えてる位。
古い本ですが、今でも愛読するほどです。」

Contents

はじめに ……………………………………………… 4

Part 1 定番おかず ……………………………………… 6
定番のおかずもアイデア1つでおもてなし
- ハンバーグ
- トンカツ
- カレー
- パスタ
- から揚げ
- 肉じゃが
- 魚料理
- 刺身、カルパッチョ
- 豆腐料理

Part 2 サラダ ………………………………………… 25
お気に入りの盛り付け
- 和風サラダ
- 洋風サラダ
- 中華サラダ

Part 3 お弁当 ………………………………………… 31
蓋を開けた瞬間、笑顔になれるお弁当
- わっぱ弁当箱
- プラスチックのお弁当箱
- 丼のお弁当、その他
- お弁当のおかずを、お皿に並べると…

Part 4 脇役レシピ …………………………………… 37
メインが引き立つ脇役を簡単に作るコツ
- カリカリベーコン
- カリカリじゃこ
- にんにくチップ
- 乾燥パセリ
- クルトン
- 卵　①炊飯器でゆで卵
　　　②レンジで温玉
　　　③煮ないで作る味付け卵

Part 5　イベントメニュー ················ 55
　　　　思い出に残る我が家のイベントメニュー
　　　　・お正月
　　　　・節分
　　　　・バレンタインデー
　　　　・端午の節句
　　　　・母の日・父の日
　　　　・誕生日
　　　　・ハロウイン
　　　　・Xmas＆結婚記念日
　　　　・大晦日
　　　　・友達を呼んで我が家でランチ
　　　　・番外編　夏休みのランチ

Part 6　休日の夕食メニュー ················ 71
　　　　我が家で頻度の多い献立
　　　　・焼き肉
　　　　・串揚げ
　　　　・手巻き寿司
　　　　・瓦そば
　　　　・ピザ
　　　　・お好み焼き
　　　　・餃子
　　　　・ビビンバ
　　　　・鍋料理

Part 7　受け継がれる味 ················ 81
　　　　母から娘へ…　娘から子供へ…
　　　　・ひき肉のオムレツ
　　　　・ポテトサラダ
　　 ・稲荷寿司
　　　　・モダン焼き
　　　　・高野豆腐とえんどう豆の卵とじ
　　　　・青梗菜の昆布和え

clumn　第1回 料理教室　甘塩キッチンスタジオ ········ 89

おわりに ················ 94

定番おかず

定番のおかずもアイデア1つでおもてなし

いつも作るおかずの盛り付け、どんな風にしてますか？
毎回同じお皿？てんこ盛り？それでは新鮮味がありません。

私が盛り付けに心がけている事。
それは基本にとらわれない事…

和風のおかずでも、ソースを下に敷いて洋風にしたり
器を変えて見るだけで違った料理に変身。

ワンプレートにするのも、その一つです。

Part 1／定番おかず

あるいは、食材の切り方を変えてみるだけで、
見た目の印象が大きく変わります。

同じ肉じゃが、三日続いても、盛り付けが違うと同じ料理に見えない。
それが盛り付けのマジックなのです。

決まり事なんてないのです。
先ずは、自由な発想でチャレンジしてみて下さい。
新しい発見があるかもしれません。

ハンバーグ

ハンバーグを中央にして、付け合わせ野菜を回りに飾ってみる。
(ブロッコリー、緑ピーマン、ソース、赤ピーマンを順に飾る)

\ Arrange /

同じパターンでも、ハンバーグを小さく作り2段に重ねた場合

間にズッキーニのソテーを挟み、
ソースとピーマンを回りに飾る。

Part 1／定番おかず

ハンバーグを小さく作り、味を変えて見る。

地味に見えるシチューハンバーグも
チーズの乗せ方でこのように…

四角いお皿の左端にハンバーグを置き、
右側を飾る方法。

和風おろしバーグも、
ソースのかけ方でフレンチに早変わり。

🍴 トンカツ

トンカツをさいころ状に切り、薬味を間に挟んで盛り付ける。

\ Arrange / ↓
器を深みのある物にしてみる

Part 1／定番おかず

カツの上に野菜をのせ、和風ソースで食べる。
ソース（ポン酢、おろしにんにく少々、卵黄）

長さのあるお皿に、ソースを点状に絞り洋風にアレンジ。

トンカツの衣部分と肉の部分を交互に見せたカツカレー。

🍴 カレー

ソースを下に敷き、彩の良い素揚げ野菜を飾る。

\ Arrange /

↓

同じくソースを下に敷くパターンのチキンカレー

Part **1**／定番おかず

ドームケーキ型にご飯を詰め中にカレーソース。
回りと中にシーフードを飾れば華やかな印象に。

カレーとご飯を別盛りにする方法（これは3種のカレー）
1種類でもOK！

ご飯をターメリックライスにして高さを出して演出。

パスタ

サーモンクリームパスタ。麺を高く盛り、回りを飾る。

\ Arrange /

同じ材料でも、パスタの盛り方でこんなに違う。
フォークを使って、クルクル巻いて盛り付ける。

Part 1／定番おかず

ナスミートパスタも、器次第で、こんな変化が…

付け合わせも味の違うパスタで。
明太子パスタ、ジェノベーゼソースのパスタ。

冷静パスタもガラスの器とコンソメジュレで涼やかに演出。

🍴 から揚げ

1人ずつワンプレートにすれば、から揚げも上品に…オレンジソースも添えて。

\ Arrange /

↓

切り方を変えて、レモンソースをかけたバージョン

Part 1／定番おかず

から揚げには大根おろし、
付け合わせも丁寧にすると印象がかわります。

\ point /

から揚げだけでは、
地味な色合いなのでサラダも一緒に盛る。

肉じゃが

たかが肉じゃが、されど肉じゃが。 工夫次第で違う料理にも見えます。
切り方に工夫（じゃがいもと人参をサイコロ状に）

\ Arrange /

こちらはスティック状に

^{Part} **1**／定番おかず

材料別にして、器の空間を生かした盛り付け。

じゃがいもを敷いてカナッペ風に。

あえて材料と同じ色の器にして、緑が生えるように。

🍴 魚料理

マスタードソース(マッシュポテト、マッシュかぼちゃ、枝豆)

カレイのムニエルも添える豆、味付けを変えるだけで違う印象になります。

\ Arrange /

黒豆ソース(付け合わせの枝豆を黒豆に変えただけ)

Part 1／定番おかず

色の綺麗な野菜を上下に飾った、かじきのケッカーソース。

干物もほぐしてレンゲに乗せるとこんなオシャレに。

鯖のおろし煮もタレを点に置いて洋風に…

刺身、カルパッチョ

サーモンとイカを市松柄に。

カツオたたきと生カツオの2種

カツオのキムチ和え

貝の器を使って…

Part 1／定番おかず

＼Arrange／
同じ硝子のお皿を使って盛り付け

＼Arrange／
同じお皿、同じ食材（カツオ）を使っての様々な盛り付け

Part 1／定番おかず

🍴 豆腐料理

冷奴

小皿に入れて…

レンゲに入れて…

厚揚げの煮物

カナッペ風に。

色の違う面を見せた盛り付け。

サラダ
お気に入りの盛り付け

サラダって盛り付けが難しいと思っていませんか？
サラダこそ、簡単に盛り付けが発揮できる料理なんです。
1番は新鮮な野菜を使う事ですが、後は彩り。
緑・赤・黄があればバッチリ。
お皿に対角線に置いたり、左右対称にしたり、
高さを出すのもポイントです。

食材をそのまま器にしても面白い

人数分の小さい器をまとめても可愛い

食べたいサラダから、見て綺麗なサラダ。
絵画と同じように食材をパレットに見立てて盛り付けて下さい。
新しい作品に出会えますよ。

和風サラダ

千切り野菜のカリカリじゃこのせ

うずら卵目玉焼きと素揚げ野菜のサラダ

コブサラダ

蟹と大根アボカドサラダ

蒸し鶏のサラダ

洋風サラダ

バーニャカウダ

生ハムサラダ

マッシュポテトのサーモン巻き&キュウリ巻き

ラタツゥイユ
（お皿の2枚重ね）

ツナのトマトカップと海老卵サラダ
（サーモン&グリンピース添え）

中華サラダ

バンバンジー

1人盛りにすると洋風に…

揚げワンタンのサラダ

鶏むね肉のスイチリソース

Part **2**／サラダ

\ Arrange /
同じ白のお皿を使って盛り付け

焼肉サラダ

茄子のサラダ

中華クラゲのサラダ

リースのサラダ
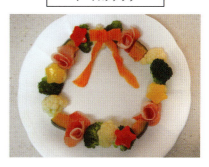

合鴨スモークのサラダ

豪快、大根サラダ

💚 サラダに込めた思い 💚

サラダと言えば、何を思い出しますか？

女性が好む食べ物？あるいはダイエットには欠かせない料理？
女子会では必ず注文する１品？

私が頭を過るのは、シンガーソングライターのイルカさんの歌
♪私の夢と心をかごにつめてサササ・サラダ、サラダの国から来た娘

とても明るいテンポで楽しくなるリズムは、やはりサラダだからこそ。
美味しいサラダがあれば、
たちまちテーブルは華やかになり心が満たされます。
目にも美味しい料理の代表選手です。

サラダに合わない材料はないほど、
どんな素材でも、どんな食感でも、マッチしてくれます。
ドレッシングも含めるとサラダの種類の多さは無限大です。

野菜１つ１つの味が数種組み合わさってこそ、
味わい深く美味しくなります。
柔らかな物、シャキシャキした物、ほくほくした物、癖がある味。
色んな物を１つにして纏めてくれる

サラダ… それは、まさに家族そのもの

家族は、いろんな個性豊かな集まり。
その個性が、一固まりになったら、更に面白いのです。

私は差し詰め、フルーツトマトでしょうか？
甘くて華やかでジューシーで、美味しくて可愛い（笑）

誰も、うなずいてくれなくても、パクチーだと言われても、
持論は貫き通しますから（苦笑）

Part 2 — Essay

お弁当
蓋を開けた瞬間、笑顔になれるお弁当

私のお弁当歴はかれこれ16年になります。

長男が幼稚園に入る前から外に行くときはお弁当を持参。

幼稚園では、キャラ弁にハマり、

作っては写メを撮り、アルバムに収めてました。

高校からは、本格的に量も半端じゃないお弁当の毎日。

最初の頃だけ、写真も現像してアルバムにしてましたが・・・

余りにも多すぎて断念。

後はブログに日々載せて思い出の1つにしたいと思ってます。

実はお弁当の盛り付けが1番苦手。

器が変化のないお弁当箱で、いくつかあるとはいえ、せいぜい3〜4種。

この中に数種類のおかずを入れるのは未だに四苦八苦。

これは慣れるしかない（笑）

見て綺麗な食べやすいお弁当をイメージしながら作ってみて下さい。

基本は水気が多い物は入れない。フライのソースは裏側に…

それくらいかな？（笑）

長男も次男も、お弁当以外に早弁用の軽食も持参。
長男のお弁当は実質卒業ですが、現役高校生の次男、来年から高校の三男、
パパのお弁当もあり、朝のお弁当作りは慣れた物です。

わっぱ弁当

カジキマヨ焼き弁当

秋刀魚の蒲焼きのせ弁当

豚と茄子、ピーマンの
オイスター炒め弁当

豚の生姜焼き弁当

鶏の照り焼きと
2種のご飯弁当

甘辛ポーク弁当

チキンピカタ弁当

チーズハンバーグ弁当

豚のチーズ＆海苔巻き弁当

Part 3／お弁当

チーズバーグ弁当

レモンチキン弁当

豚のガリ＆チーズ巻き弁当

白身魚のスイチリ弁当

巻き巻き和風弁当

豚の照り焼き弁当

塩豚のネギ絡め弁当

卵と蒲鉾の市松弁当

豚のオクラ巻き弁当

プラスチックのお弁当箱

ヒレカツ弁当

チキンのトマトチーズ弁当

チーズバーグと
ナポリタン弁当

中華三昧弁当

牛焼肉弁当

鶏の塩焼き弁当

唐揚げ弁当

そばめし弁当

一口おにぎり弁当

Part **3**／お弁当

🍴 丼のお弁当

ドライカレー弁当

冷やし中華＆
麻婆ナス豆腐弁当

揚げ玉うどん＆
寿司弁当

ザル麺＆天津飯弁当

豚丼＆ザル中華麺

キムチチャーハン＆
そうめん弁当

🍴 その他のお弁当

おむすび＆
手作りパン弁当

唐揚げご飯＆
手作りパン弁当

カツカレー＆
サラスパ弁当

Part 3 / お弁当

\Arrange/

お弁当に入っているおかずを並べると…

鶏のマスタード
マヨ焼き弁当

1人分バイキング料理の完成！！

豚の塩だれ炒め弁当

カフェ風、ワンプレートランチに早変わり。

脇役レシピ
メインが引き立つ脇役を簡単に作るコツ

日々の料理…
ちょっとした工夫で時短にもなり美しく見えるのが、
この脇役があってこそ。
これがあると、料理も美味しくなり、見た目もバッチリ。
レンジや炊飯器を上手く利用して作ってみましょう。
冷蔵庫の常備品になる事、間違いなしです。
薬味にも似た名脇役。
これを使いこなせたら、あなたも助演女優賞。

カリカリベーコン

レンジで乾燥パセリ

レンジでカリカリベーコン

サラダやスープのトッピングに重宝なかりかりベーコン。

実際作るとなると以外と大変。こんな風にカリカリになるまで火にかけるのに時間がかかります。いつでも使えるように簡単に作るのにはレンジが最高です。

Recipe | カリカリベーコンの作り方

(1) 薄切りのベーコンを2枚用意。クッキングペーパーに包みます。

(2) 500wのレンジで1分
　　（レンジにより差があります。短い時間から10秒ずつ調整。）

こんな風に焦げ目もつきます。

(3) 油をふき、キッチンばさみで好みの大きさに切り保管。

冷蔵庫なら1ヶ月保管できます。

Part 4／脇役レシピ

カリカリベーコンの使い道

サラダに

パスタに

パン、ピザに

レンジでカリカリじゃこ

サラダや冷奴などのアクセントに…
美味しいことはもちろん、栄養も豊富な食材を毎日でも取りたいです。

Recipe │ かりかりじゃこの作り方

(1) 17cm位のお皿に合わせて
クッキングシートを敷き、
じゃこを乗せて
サラダ油又はゴマ油を回しかける。

(2) 500wのレンジで3分（レンジにより差があります。）

カリカリに
なったのをほぐすと
こんな風に

(3) 容器に入れて保管。

冷蔵なら2週間。
冷凍なら
1ヶ月が目安。

Part 4／脇役レシピ

カリカリじゃこの使い道

冷奴に

サラダのトッピングに

なんと！
失敗して出来た
傑作品？

畳いわし

じゃこに、油をかけるのを忘れた結果、くっついてしまい違う物ができました。カルシウムたっぷりのおせんべいの出来上がり。失敗は成功のもと！？

🍴 レンジでにんにくチップ

にんにくチップをフライパンで作ると結構難しいです。
ちょっとした事で焦げ過ぎる事も多い物です。レンジだと簡単。

Recipe｜にんにくチップの作り方

(1) にんにく3片を薄くスライスして、
　　お皿に重ならないように置く。
　　サラダ油を回しかける。

(2) 500wのレンジで3分
　　（レンジにより差があるので
　　2分から様子を見ながら時間を増やす）

こんな風に
焦げ目が
つきます。

(3) キッチンペーパーで油をふく。

約1ヶ月
保存可能。

(4) 冷蔵庫で保存。

Part 4／脇役レシピ

にんにくチップの使い道

ステーキに

パスタに

かつおたたきに

サラダに

レンジで乾燥パセリ

料理のアクセントに欠かせないのがパセリ。料理の度に刻むのも大変
乾燥させた物があると、いつでも手軽に使えますよ。
買うと以外と高いので、一気に作って冷凍保存しましょう。

Recipe | 乾燥パセリの作り方

(1) パセリ1束の軸を取り、耐熱皿に並べる。

こんな風になったら手でバラバラにほぐします。

(2) 500wのレンジで約5分
　　（レンジにより差があります）

(3) 冷蔵庫で半分保管。
　　あとは冷凍すると、いつまでも綺麗な緑色が保てます。

Part 4／脇役レシピ

乾燥パセリの使い道

ハンバーグやスープのアクセントに

サラダのポイントに

グラタンの色合いに

🍴 レンジでクルトン

サラダやスープに入っていると嬉しいクルトン。
これもレンジで作っちゃいましょう。

Recipe │ レンジでクルトンの作り方

(1) 8枚切の食パンの耳を切り、1cm角位に切りお皿に盛る。
　　（耳はカリッと揚げて砂糖をまぶし、おやつに）

(2) サラダ油を回しかける。

中央は焦げやすいので、開けておく

(3) 500wのレンジで2分〜3分
　　（2分から様子を見ながら、時間を増やす）

(4) 冷凍保存すると、いつまでも
　　カリっとしたクルトンが使えますよ。

Part **4**／脇役レシピ

クルトンの使い道

シーザーサラダに

＋スープ、チャウダーに

卵その① 炊飯器でゆで卵

茹で卵を作るのって以外と時間がかかります。
ましてタルタルソースを作るのに1個だけ茹でるのも面倒な物
ご飯と一緒に作れる方法を紹介します。

Recipe │ 炊飯器で茹で卵の作り方

(1) 卵にピック（又は針）で穴をあける。
　　こうすると殻がツルッとむけます。

白身と黄身に
空気が入るため
失敗なしです。

(2) お米を研いで炊飯器にセットし、
　　普通の水の量＋大2 水を増やす。
　　アルミホイルで包んだ卵も一緒に入れる。

(3) 普通に炊きます。
　　これで完成。

ツルンと簡単に
殻がむけ、
ストレス要らず

Part 4／脇役レシピ

＼ それも面倒な・あ・な・た（笑）タルタルソースならレンジでも簡単 ／

Recipe ｜ レンジでタルタルソース用の卵の作り方

（1） 容器に卵を割り入れ、
黄身を爪楊枝で2〜3ヶ所刺す。

（2） ふんわりラップをかけ500wのレンジで50秒〜1分
（レンジにより差があります）
タルタルソースの時は、とても便利ですよ。

こんな風になります。
ゆで卵と言うより
目玉焼き

ゆで卵の使い道

茹で卵の使い道は、山ほどありますが…

タルタルソースに

サラダに

サンドイッチやパンに

卵その② レンジで温玉

丼物や麺、色んな料理に乗ってるだけで美味しそうに見える温泉卵
固まり過ぎたり全然固まらず失敗した事、数知れず。
専用の容器で作っても20分かかり面倒。
レンジでも簡単に出来る方法を見つけました。これは必見ですよ。

Recipe │ レンジで温玉の作り方

---

(1) 卵は常温に戻しておく。小さい容器に卵を割り入れ
　　水小1を入れ、黄身を爪楊枝で数回刺す。

(2) ラップをして500wのレンジで30秒〜
　　（レンジにより違うので
　　30秒から様子を見て時間を増やす）

たったこれだけ

(3) 裏返すとこんな風に…

Part 4／脇役レシピ

温玉の使い道

牛丼や丼物全般に…

パスタ、うどん等、麺に最適

卵その③　煮ないで作る味付け卵

とろっとした黄身に甘辛な白身の味が絶妙な味付け卵。
家庭でも簡単に作れますよ。ラーメン屋さんもビックリな秘伝を伝授します。

Recipe ｜ 味付け卵の作り方

（1）卵を常温に戻し、殻に穴を開ける⇒炊飯器で茹で卵を参照。

卵の
大きさにより
差がでます

（2）小さめの鍋に湯を沸かし、卵を入れて中火で7分ほど茹でる。

（3）茹でている間に調味料の用意。
　　 ポリ袋に醤油、みりんを各大2、砂糖小1を混ぜておく。

（4）茹でた卵の殻をむき、(3)の袋に入れる。

（4）途中転がしながら、20〜30分漬ける。
　　 （時間があれば1時間以上漬けると尚美味しい）

Part **4** / 脇役レシピ

味付け卵の使い道

お弁当に…

ラーメンやつけ麺に…

脇役レシピが出来るまで…

私の料理に度々登場するのが、乾燥パセリやカリカリベーコン。
にんにくチップや、カリカリじゃこ、ゆで卵も、
その都度作るのは時間の無駄。

1度に作って保存できないかな？と思ったのが始まりです。
レンジや炊飯器を利用することによって、
更に簡単に出来るのが主婦には大助かり。

何度も試行錯誤を重ねました。

温玉などはレンジの時間が5秒違っただけで失敗の連続。
特に卵料理は、爪楊枝で穴を開けるのを忘れ、幾度となく爆発（苦笑）
命がけです。

レンジの掃除している時間の方が無駄に…

それでも、苦労した甲斐があり、1つの形にすることが出来ました。
この脇役があるだけで、食事も充実します。
私って凄い（笑）

ラーメン好きなパパや息子は、
温玉や味付け卵が入っているラーメンが大好き。
チャーシューも圧力鍋で1度に作って冷凍保存。

もう、ラーメンはお店に行かなくても自宅でラーメン屋さんが出来る？？

因みに…
私はラーメンに関しては、あっさりが好きなので、
チャーシューも温玉も必要なし（笑）

イベントメニュー

思い出に残る我が家のイベントメニュー

子供が生まれてから、行事の度に作ってきた料理。

お正月から大晦日まで1年を通して、

忘れてはいけない日本ならではの伝統行事

そんな料理の数々をスケッチブックに収めて来ました。

全ての画像をお見せすることは出来ませんが、

ほんの一部の画像をご覧ください。

きっと各家庭でも心の奥で記憶している伝統行事が蘇ってきますよ。

我が子もいつか思い出してくれるメニューだと自負しています。

🍴 お正月料理

結婚してから元旦のお昼は、パパの実家に伺うのが我が家のしきたり。
豪華絢爛なお節料理をご馳走になります。
それと共に、朝食と夕食は私の手作りのお節料理。
簡単な物ばかりですが毎年作るのが習わしなんです。

義父母宅で頂くお節料理

2016年我が家のお節料理

Part 5／イベントメニュー

2000年元旦

2006年元旦

2011年元旦

節分

今でこそ、恵方巻は全国区の行事物になりましたが…
元々は関西特有の物だったとか？？

神戸出身の私は小さい頃から、当たり前のように食してきました。
母の手作りの太巻きは、舌をうならせる味わいです。

見様見真似で作るようになり、得意分野になりました。
以前は友人を呼んで「巻き寿司講習会」を数回、開催。

毎年巻くものは違いますが、定番の恵方巻とサラダ巻きは必ず作ります。

2016年8種の節分の巻き寿司

Part 5／イベントメニュー

🍴 バレンタインデー

息子ばかりなので、バレンタインのお菓子作りの手伝いもなく
自分でも手作りチョコは作らないかな？　もっぱら市販のチョコ。
義理チョコや、友チョコは、渡しません（笑）

唯一、夕食ではハートを意識して作る位です。
今年のバレンタインのワンプレートも可愛く出来ましたよ～

2016年バレンタインデー

ハートのコロッケ、牛焼き肉、ホタテのバター焼き、ハートでくり抜いたハム＆チーズ

2004年

1999年

ケーキのみ

59

端午の節句

うちでは、桃の節句は必要なく (´;ω;`)ｳｯ…
初節句は盛大に行いましたが
端午の節句は、小さい頃だけの行事になりました。

2000年 次男初節句

Part **5**／イベントメニュー

母の日・父の日

毎年、実家の両親には品物を送るだけになってしまいました。
その分、義母と義父には、心ばかりの料理を持参しています。
毎回、代わり映えはしませんが、心を込めて作っています。

母の日＆父の日のお重

サーモンとエビのお寿司

マグロ寿司

ハム巻きサラダ、海老入りはんぺんフライ

生春巻き、酢豚、中華わかめの和え物

ステーキ肉、ホタテバター、
銀鱈と鮭の粕漬け

ほうれん草とベーコンのキッシュ

61

🍴 誕生日のお祝い

我が家は5人家族なので、年5回のパーティになります。
しかも4月から9月に皆の誕生日が入っていて・・・ 毎月な感じです。
私の誕生日はケーキだけで外食が多いですが、パパと息子達には家で手作りの会です。
子供が小さい頃は、必ず友達も呼んでパーティを開いていたので、我が家にとっては大イベント。
今では懐かしい思い出です。

2016年 長男 Birthday

ミニステーキ、アスパラフリット

太刀魚のポアレ、葱の焦がしバター

マッシュポテト詰めカニ爪フライ

カニ爪サラダ

海老とタコのマリネ

手作りバター風味のフランスパン

パイのせクリームシチュー

Part 5／イベントメニュー

2006年 次男 Birthday

2009年 三男 Birthday

2012年

2013年

誕生日ケーキは毎年5人分、姉が買ってくれています♡　感謝♡

ハロウィン

ハロウインは最近でこそ日本でも定番のイベントになりました。
我が家では、大袈裟にはしなく・・・かぼちゃ料理を簡単に作る程度です。
グラタン、パンプキンスープは皆好きなので、洋風でまとめます。

パンプキンスープ

かぼちゃの前菜

グラタン

かぼちゃのパエリア

焼き肉サラダ

Part **5** ／イベントメニュー

1999年（次男が生まれた年）のハロウイン

\ Trick or Treat /

クリスマス＆結婚記念日

12月24日は結婚記念日でもあり、Xmasと共にお祝いをします。
24日に近い土日のどちらかを、義両親を招いてのパーティー
7人の食卓なので品数も量もたくさん作りますよ〜

Part **5**／イベントメニュー

2012年

2011年

🍴 大晦日

大晦日と言えば年越し蕎麦ですが、我が家では夕食に天ザルを食べるのが恒例。
お節の準備からの、天ぷらを揚げるのは大変ですが、揚げたての天麩羅は最高です。
海老天麩羅は定番ですが、毎年変わり種も取り入れていますよ〜

ザルそば

お気に入り信州そば

天ぷら（しそ、海老、さつま芋、蓮根、竹輪、かき揚げ、茄子、大根、肉天）

Part 5／イベントメニュー

🍴 友達を呼んで我が家でランチ

ブログを始めるまでは、月1位で良く友達とランチしていました。
元々賑やかなのも、料理を振る舞うのも好きで、私の楽しみの1つでもありました。
今は、ブログとお弁当と日々の食事、仕事と忙しく、出来ないのですが…

以前から、予約の取れないランチ？？として人気でした。
自分で言うのもおこがましいですが、みんな来たいと思える内容ですから（笑）

エスニック料理

エスニック料理

スペイン料理

和食懐石風

和食懐石風

Part 5／イベントメニュー

🍴 番外編　夏休みのランチ

給食、お弁当のない夏休みは、お昼ご飯に四苦八苦。
殆どがご飯物か麺になります。
なので、盛り付けも適当（笑）　美味しければOKかな？

［ご飯物］

［麺物］

［リメイク］

カレーの残り→カレードリア

中華丼の残り→あんかけ焼きそば

休日の夕食メニュー
我が家で頻度の多い献立

家族揃って夕食を共に出来るのが休日くらいなのです。

これまで何度も作ったメニュー。

平日は、ほぼ使わないホットプレートや土鍋、たこ焼き器

たこ焼きは昼食にする場合が多い

夕食では鉄板料理、鍋料理

皆で食べてこそ美味しいと思える料理の数々です。

熱々、出来立てを食卓で囲んで食べられる醍醐味を是非味わって下さい。

ホットプレートで焼き肉

男子はとにかく焼肉が大好き。
我が家では、有難い事に両親が送ってくれる神戸牛が味わえます。
甘みがあってとろけるようなお肉。
他のは食べられなくなるほどの美味しさ。
他のお肉、野菜も用意して、お腹を満腹にして貰いましょう。

自分の食べる分は自分で焼く。これが決まり。

肉（神戸牛、鶏肉、豚バラ、ウインナー、モツ）

野菜（キャベツ、もやし、玉ねぎ以外は季節により変わります）

Part **6**／休日の夕食メニュー

串揚げ

IHクッキングヒーターを食卓に置き、揚げながらいただきますよー
熱々、揚げたての美味しいこと。
おうちでもお店で食べてるような錯覚になりますよー

衣がきつね色に色づいて、上がってきたら食べ頃のサイン。

ヒレカツ、海老、ウインナー、茄子、チーズ、レンコン、じゃがいも、から揚げ

キャベツの千切り、キャベツの昆布和えも一緒にいただきます。

🍴 手巻き寿司

お寿司は皆大好き。
手巻き寿司は給料頂いた頃に良く作ります（笑）
材料さえ揃えれば、後は各自好きな具を包んで、召し上がれ。

刺身や、卵、海老、野菜など彩りを考え盛り付けます。

マグロ、ネギトロ、イカ、タコ、サーモン、カニカマ、海老、ハム、卵、茄子、キュウリ、カイワレ、レタス

イカゲソ煮つけ、いくら、ツナ、梅肉、牛しぐれ煮、ネギ塩

🍴 ホットプレートで瓦そば

瓦そばは、山口県下関の名物だそうです。
いつだったか？ブログで拝見して是非食べてみたいと思い作った所、家族に大好評。
茶そばの柔らかい部分と、カリッとした部分が味わえ、
これは食べてみる価値がある料理です。

瓦そばもホットプレートの中で芸術品に変身。

材料（4人分）
　　　茶そば（乾麺）　4束
　　　牛肉　200g（しょうゆ、砂糖　各大2、みりん大1）
　　　錦糸卵　卵2個分
　　　海苔　適宜
　　　小口ネギ　適宜
　　　大根おろし　少々（もみじおろし）
　　　レモン（輪切り）　3〜4枚
　　　麺つゆ　1人50〜60cc

作り方
　(1)　茶そばは固ゆで（炒めるので通常より2分程度短く）氷水でしめる。
　(2)　牛肉は甘辛煮。
　(3)　薄焼き卵を作り、細く切る。
　(4)　レモンは輪切りにして大根おろしをのせる。
　(5)　ホットプレートで、茶そばを炒め具材を乗せる。
　(6)　温めたつゆにレモン大根おろしを加え、茶そば、具を入れて食べる。

ホットプレートでピザ

生地を焼いて、材料の用意をしたら後は自分の好きな具をのせて焼けばOK
熱々のピザ、皆大好きな夕食です。
何故か？焼きあがるのを待っている間に、
タコライスも食べるのが定番。これが又美味しいのです。

具材はベーコン、サラミ、ソーセージ、コーン、ポテト、茄子、しめじ、照り焼きチキン、うずら卵、パイナップル、トマト、ピーマンなど。

> 私の好きなサラダピザ

記事にソースを塗りチーズをのせて焼き、サラダを上に乗せてパルメザンチーズをたっぷり振る。

お好み焼き

神戸育ちの私は小さい頃から、良くお好み焼きを夕食で食べました。
今でもお好み焼きは、好きな料理のベスト10に入る位。
家族にも好評のレシピは以前TVで見てメモしていた物。
大阪の叔母の「お好み焼き店」のレシピは企業秘密かな？私も知りませんねん。

材料（1人分）
　　薄力粉　50g
　　牛乳　50cc
　　山芋すりおろし　10g
　　卵　1個

　　バター、ブイヨン（顆粒）、グラニュー糖　各3g
　　ベーキングパウダー　少々
　　揚げ玉、豚バラ薄切り肉　適宜
　　※豚バラは混ぜずに、生地の上に広げるほうが美味しい。

豚玉ねぎ乗せ

豚玉にソース、マヨネーズをつけ、上から青ネギをたっぷり乗せて食べるのが、お気に入り。

関西名物イカ焼き

粉と卵だけで生地を作り、イカを乗せて焼くイカ焼き。

ホットプレートで色々な餃子

餃子こそ焼き立てが1番。ホットプレートなら熱々が頂けます。
定番の餃子から変わり種も色々食べられるのは手作りならでは…

5種の餃子

定番(肉野菜)餃子

グラタン餃子

ポテトベーコンチーズ餃子

カレー風味餃子

梅しそ餃子

Part 6／休日の夕食メニュー

ホットプレートでビビンバ

いつもは、石焼ビビンバ器で1人ずつ作りますが、全員いる休日はホットプレートで作ると便利。
ビビンバ器と同じように、おこげも出来ます。ナムルも手作りで本場の味ですよー

丼料理も平面なホットプレートで綺麗に見せる工夫をしました。

材料（4人分）
　　味付け肉、各種ナムル、卵、キムチ、コチュジャン、韓国のり
　　味付け肉
　　牛肉（又はひき肉）　200ｇ（細切りにしてタレに漬け炒り煮）
　　タレ……にんにく（みじん切り）小1/2、醤油大2、砂糖、ゴマ油各大1
　　ほうれん草ナムル（1束を茹でて3cm長さ）、大豆もやしナムル（1パックをから炒り）
　　（共通）長ネギみじん切り　1/6本分、にんにくみじん切り　1片、
　　　　　すりごま（白）大1.5、醤油小1、塩小1/3
　　大根、人参ナムル（各5cm千切り）
　　（共通）酢大1/2、砂糖大1/2、塩少々、すりごま（白）小1/2

作り方
　（1）ホットプレートにご飯をのせ、タレ（牛肉のタレと同じのを別に用意）をかける。
　（2）具、卵黄を乗せて焼く⇒キムチ、コチュジャン、韓国海苔は好みで入れる。

Part 6／定番メニュー

🍴 鍋料理

冬は土日のどちらかは鍋料理が多くなります。すき焼やしゃぶしゃぶは定番ですが…
我が家はツイン鍋を買ってからは2種類作る事が多くなりました。
違う味の鍋料理が食べられると言うのは、なんて贅沢な事でしょう。
2種類の手間はかかりますが、飽きずに食べられて、益々鍋の出番が増えましたよ。

もつ鍋＆キムチ鍋

洋風トマト鍋＆クリーム鍋

その他組み合わせ　ちゃんこ鍋＆豆乳鍋、寄せ鍋＆石狩鍋
　　　　　　　　　たらちり＆鴨鍋、鶏の水炊き＆牡蠣の土手鍋
　　　　　　　　　しゃぶしゃぶ（牛＆豚）、あんこう鍋＆鶏団子鍋

受け継がれる味
母から娘へ…、娘から子供へ…

私の母は、料理も上手で、未だに和食は母を越えることが出来ません。

お寿司、煮物、煮魚など昔ながらの料理は、

頑張っても母の味は出せません。

そんな母が良く作ってくれた物

素朴だけど深い味わい

脳裏に焼き付いて離れない食卓

忘れる事の出来ないほど、舌にしみ込んでいる味

私から息子へ…息子からお嫁さんへ、そして孫へ…

これからも伝えていきたい味です。

数え切れないほどの料理がありますが、

特に今でも私が作る物を6品紹介いたします。

ひき肉のオムレツ

これは皆大好きで、オムレツとキャベツを混ぜながら食べると尚美味しい。
ハンバーグより簡単、ご飯が進むメニューですよ。
我が家はひき肉500gで作ります。

材料（4人分）
　　合いびき肉　300ｇ
　　玉ねぎ（みじん切り）　1/2個
　　卵　3～4個
　　塩こしょう　少々
　　ウスターソース、ケチャップ、マヨネーズ　適量
　　千切りキャベツ　適量

作り方
　　(1) フライパンで合いびき肉と玉ねぎを炒め塩こしょう。冷ましておく。
　　(2) (1)に卵を入れて混ぜる。
　　(3) フライパンで、木の葉型になるように焼く。
　　(4) ウスターソース、ケチャップ、マヨネーズをかけて食べる。

Part 7／受け継がれる味

ポテトサラダ

母のポテトサラダは、フルーツが入っているのが特徴。
リンゴの酸味、パイナップルの甘み。
ほくほくのじゃが芋との相性もバッチリです。

材料（4人分）
　　じゃがいも、キュウリ、ハム、カニカマ
　　リンゴ、生パイナップル、ゆで卵
　　※パイナップルは缶詰ではなく、生パインを使うのがこだわりです。

作り方
　　作り方は普通のポテトサラダと変わりありませんが…
　　じゃがいも3個に付き、リンゴ半個、
　　パイナップルは1/4個分位を目安に作ってみて下さいね。

🍴 稲荷寿司

稲荷寿司、関西ではお稲荷さんって、さん付け。これも味付けは母から伝授。
普通のお稲荷さんと違うのは、まず油揚げが違います。
四国の叔母から送って貰っている厚みのある油揚げ。
これにたっぷりの汁を吸わせるので、食べ応えがあるのです。1つの大きさも普通の倍はあります。

材料（4人分）
　　　寿司あげ　10枚（410ｇ）⇒ 半分に開き熱湯で油抜きする。
　　　砂糖　大6、塩　小1/2
　　　しょうゆ　38ml
　　　みりん　大1.5
　　　酒　大1
　　　水　100ml

作り方
　　　調味料全部を鍋に入れて煮たて、
　　　あげを入れ弱火で10分。
　　　（途中、2〜3回上下を返す）

母のは具入り
（えんどう豆、錦糸卵、人参、胡麻）

Part 7／受け継がれる味

モダン焼き

モダン焼きは、お好み焼きとは違い中は焼きそば。広島焼きとも又違うのです。
今でも帰省する度にリクエストする位大好物。
自分で作っても何かが違う。焼きそば麺も違うけど腕の違いなのでしょう。

材料（1人分）
  豚バラ薄切り肉　100g
  市販の焼きそば麺　1玉
  キャベツ　3〜4枚（千切り）
  揚げ玉　大2

生地
  小麦粉　60g
  だし汁　180cc
  ベーキングパウダー　ひとつまみ
  卵　1個

作り方
(1) ホットプレートで豚バラ、
  キャベツ（太め千切り）揚げ玉で、焼きそばを作る。
(2) お好み焼きより薄い生地をクレープのように焼き、
  上に(1)をのせる。
  上からも生地を流し入れる。
(3) 蓋をして蒸し焼き、裏返して更に焼く。
(4) 焼けたら、ソース、マヨネーズ、青海苔、かつおぶしをかけて食べる。

断面図

高野豆腐とうすいえんどうの卵とじ

関西ではお馴染みの、うすいえんどう。
皮が薄く青臭さが少ないのが特徴。
高野豆腐と煮て、卵でとじる母の料理です。
父も大好物な1品です。

材料（4人分）
　　高野豆腐　4枚（水を含ませ絞り2cm角）
　　うすいえんどう（グリンピースでも可）　1/4cup
　　卵　2個
　　だし汁　300cc
　　薄口しょうゆ、みりん、各大1
　　砂糖　大2
　　塩　小1/3

作り方
　　お吸い物のような薄味のだしで煮ます。
　　後は、卵でとじるだけですが、
　　私が作ると、しょっぱくなったり甘みが強すぎたり…
　　この優しい味を作るには、まだまだです。

Part 7／受け継がれる味

青梗菜の昆布和え

おもてなしの小鉢にも、お弁当にも綺麗で味も最適。
これは我が家でも常備食なのです。
作り置きの1品に是非作ってみて下さいね。

材料（4人分）
　　青梗菜　250ｇ（約1株）
　　パプリカ　80ｇ
　　昆布の佃煮　40ｇ（水　大1/2でふやかしておく）
　　ゴマ油、薄口しょうゆ　各小2

作り方
　(1) 青梗菜の茎は縦2～3等分、葉はざく切りにして固茹でにする。
　(2) パプリカは縦5ｍｍ幅に切りさっと茹でる。
　(3) 青梗菜、パプリカ、昆布、調味料を全部合わせるをかけて食べる。

※茹でるのもレンジだと尚簡単ですよ。

…そして、母から受け継いだもう 1 つの習わし

実家の母は、私が物心ついた頃から、半端なく綺麗好きなのです。

・余分な物は部屋に出しておかない！
・出したら、同じ場所に片付ける！
・毎日、隅々までの掃除も日課！

そんな母を見てきたので、私も収納は得意分野です。
ただ、料理と同じで見た目が綺麗なら OK！と横着者です（笑）

母のようにピカピカにする事は出来ませんが、
息子3人がいる家庭の部屋にしては綺麗だと？？

そんな片付けも受け継いで欲しい事柄なのですが、
息子の部屋に入るとゾッとします（苦笑）
男の子だから仕方ないかな？（綺麗すぎるのも怖い）
そんな、諦めにも似た胸中です。

我が家のリビング

第1回 料理教室

センスが光るおもてなし料理

2016・4・24（土）11：00〜13：00

＠天塩キッチンスタジオ

今年の4月に初めての料理教室を開く事が出来ました。

そもそも、ブロ友になった「ゆ〜うぶらりん」さんとの出会いがきっかけ。
ブログでのやり取りから、天塩さんで催されるセミナーにご一緒させて貰い、
初めて会ったのに「ここで料理教室開いてみたら？」と大胆なお誘い（笑）

後から聞くと、天塩さんで素敵なキッチンスタジオがオープンしたので、
chachaさんなら…との思いを持って下さっていたようです。

赤と白の可愛い綺麗なキッチンスタジオです。

そのうちに…と曖昧な返事の私に、日にちを決めてしまえば？との言葉に乗せられ？

4月24日なら友達に手伝って貰えると思い、予約したのが最後（笑）

そこから、メニューを決めブログで参加者を募集したのが2月11日。

15名募集かけましたが…残念ながら下準備が整ってなく、
ブログのIDを持っている人しか参加出来ない結果になってしまいました。

それでもブロ友さん数名から参加したいとの返事に、テンションマックス。
普段、ブログでしか交流出来てない人に会えると私の方が緊張。

さて…人数は整った物の肝心の料理のメニューも出来てない。
私と言えば自分で自信があるのが料理の盛り付け。

盛り付けを教えて貰いたいと前から皆さんに言われていたので、
それをメインにワンプレートのランチ方式でやろうと決めました。

何度も作っては、試行錯誤を重ねて出来た自信あるメニュー。

慣れないパソコンでの、レシピを打つ作業。
友達3人にお手伝いをお願いして、打ち合わせを重ねました。

私の趣味でもあり、自慢のドールハウスも飾らせて貰えるように交渉して下さり、
ドールハウス1つ1つにタイトルをつける作業も同時進行。

当日までの作業を必死でやってきた2ヶ月半。

これも全て、天塩さんの協力、ゆ〜ぷらりんさんの力。
アシスタントして頂いた友人、あらゆる面で理解を示してくれた家族、両親、姉。
そして事あるごと、アドバイスしてくれたリア友さん、プロ友さん。

この恩は決して忘れません。

でも難題は重なるもので、いきなりパソコンが壊れ、打ったレシピが消えてしまい、
打ち直す作業を余技なくされたのです。

そして迎えた料理教室の前日。ドールハウスや食材の搬入。
食器も決め、当日に消毒する事なども再度確認。

甘塩社長さんにも挨拶した所、またして嬉しい課題を頂戴しました（汗）
甘塩商品を使って何か作って欲しいとの依頼。

ぜ・ぜ・前日に（笑）
こうなったら、私も引き下がれない性格。前日にレシピを2品追加。

そして迎えた当日。おさまらない緊張。不安。手は震え、足はガクガク。

それでも来て下さった方々の温かい気持ち、
アシスタントの友人のテキパキした動きに助けられ、
何とか美味しい料理を試食して貰えました。

「料理教室が出来て良かった」と胸をなでおろした1日でした。

誰もが出来る経験じゃないので、料理教室を開けたことが又新たな自信にも繋がり…

そして何よりも「人との出会い」に感謝しながら、これを糧にして、まだまだ頑張ります。

ブログがきっかけで、こんなに全国の方と親しくさせて頂き、
日々私のブログを見て下さっている方にも、この場を借りてお礼申し上げます。

料理教室第2回目は、又いつの日か…

おわりに

ふとしたきっかけで始めたブログ、
2年半のブログを通じて沢山の方に出会えました。
そうした中で、夢だった料理教室の一歩を踏み出せ、
又次の目標でもある「本の出版」

これもブロ友さんから友達になった、
ゆーさんからの紹介で実現しました。
彼女の昔からの知人である出版会社の平澤社長さんに
お願いして下さり自費出版にこぎつけました。

レシピ本は沢山ありますが、盛り付けを中心とした本。
ブログを見て下さっている沢山の方からも、
盛り付けを真似したいとの嬉しいお言葉を頂きました。

特別な材料を使わず、普段の料理を少し変えるだけで
おもてなしに変身できます。
それを伝えたく、本という形で残そうと思い頑張って来ました。

ただ、順風満帆にはいかず…
パソコンが壊れ、撮りためていた画像が全て消滅。
ブログの画像からコピーすると何とかなるだろうと思った物の
画素数が悪く本に出来ない画像ばかり。

2016年12月には出版したいという希望があったのですが
画像をどうするのかの難題にぶつかりました。

そこから、又写真を撮り直す日々。
我武者羅に頑張った3ヶ月。
新たに料理を作り直しては、撮る作業。

なんとか10月には自分なりにイメージした、仮の本の完成。

土日を費やしての作業。
でも、目の前の夢の実現の為と思いながらの楽しい時間でした。

本を出版するにあたり、支えてくれた家族、親友、ブロ友さん。
ブログを見て下さっている全ての皆様。

そして何より、こんな頼りない私の為に何度も相談に乗って頂き力を貸して下さった、平澤社長、ゆーさん。

協力して頂いた（株）天塩の皆様
有難うございました。

この本を手にして下さり感謝いたします。
皆様の日々の料理にプラスになりますように♥

大隅ゆかり　Yukari Osumi

ameblo 料理ブロガー
大学、高校、中学の息子の母。
盛り付け、彩りなど鮮やかな色合いの料理が、
多くの支持を得る。
神戸で育ったセンスの良さは、母譲り。
料理以外では、ドールハウス作り、
パン作りも趣味の傍ら手掛ける。

キッチンからの贈り物
http://ameblo.jp/dy11rsg

キッチンからの贈り物

2016年12月24日　初版発行

著　者　大隅ゆかり(chacha)

発行人　平澤和夫
発行所　株式会社 Sweet Thick Omelet, Inc.
　　　　東京都千代田区神田神保町1-3-5　寿ビル6階
　　　　TEL 03-5577-4691
印　刷　三松堂株式会社

©Yukari Osumi Printed in Japan
ISBN978-4-907061-28-9